LA CHARCUTERIE.

On trouve cet ouvrage aux adresses suivantes :

À Amsterdam,	chez	Delachaux.
Aix,	—	Perris. Pierre Regnier.
Angers,	—	Fourrier-Mame.
Avignon,	—	Amand Guichard.
Avranches,	—	Leroux.
Bordeaux,	—	Bergeret. Gassiot.
Bruxelles,		Demat. Lecharlier.
Chambéry,	—	Bergoin.
Clermont,	—	Landriot.
Dijon,	—	Lagier.
Gand,	—	Hubert Dujardin.
Genève,	—	Barbezat et Delarue. Paschoud.
Havre,	—	Chapelle.
Lausanne,	—	Michoud.
Liége,	—	Desoer.
Lille,	—	Bronner-Bauwens. Vanakère.
Londres,	—	Martin Bossange.
Lyon,	—	Ayné. Bohaire Chambet. Laurent. Maire. Millon. madame Regnier. Targe.
Mans,	—	Pesche.
Marseille,	—	Camoin. Chaix. Masvert. Mossy.
Metz,	—	Devilly.
Milan,	—	J. Bocca.
Mons,	—	Leroux.
Moulins,	—	Place Bujon. Desrosiers.
Nancy,	—	Vincenot.
Nantes,	—	Busseuil frères. madame Busseuil jeune. Mellinet-Malassis.
Nîmes.	—	Gaude. Pouchon.
Pétersbourg,	—	Ch. Weyher
Rouen,	—	Frère aîné.
Strasbourg,	—	Levrault. Treuttel et Würtz.
Toulon,	—	Bellue.
Toulouse,	—	Devers. Dagalier. Gallon.
Tours,	—	Moisy.
Turin,	—	Bocca. Pic.
Valence,	—	Borel.
Valenciennes,	—	Lemaître.
Varsovie,	—	Glucksberg.

LA CHARCUTERIE,

OU

L'ART DE SALER, FUMER, APPRÊTER ET CUIRE TOUTES LES PARTIES DIFFÉRENTES DU COCHON ET DU SANGLIER,

POUR FAIRE SUITE

A LA CUISINIÈRE DE CAMPAGNE.

DEUXIÈME ÉDITION.

PARIS,
CHEZ AUDOT, LIBRAIRE,
RUE DES MAÇONS-SORBONNE, N°. 11.
1826.

PARIS. — IMPRIMERIE DE FAIN,
Rue Racine, n°. 4, place de l'Odéon.

INTRODUCTION.

PARMI les peuples de l'antiquité qui ont su apprécier toute l'étendue des avantages que l'on peut retirer, dans l'économie domestique, de l'éducation du cochon, on distingue surtout les Romains, qui, par reconnaissance, lui ont décerné les honneurs publics les plus éclatans. Son utilité et les jouissances qu'il procure à toutes les classes de la société leur faisaient regarder cet animal comme l'emblème de la paix, et ils lui rendirent, pour ainsi dire, un culte perpétuel, en portant son image sculptée sur leurs enseignes. Il ne faut donc pas s'étonner si ce peuple, qui ne négligeait rien de ce qui pouvait accroître sa prospérité et ses plaisirs, a porté à un haut degré de perfection l'art d'apprêter la chair du cochon. De tous temps elle fut chez eux un mets très-recherché; mais, sous les empereurs, leur goût pour cet aliment fut poussé au dernier degré de fureur. Ils le servaient entier, cuit de différentes manières; tantôt bouilli d'un côté et rôti de l'autre; tantôt farci de becsfigues, d'huitres et de grives, le tout arrosé de bon vin et de jus exquis; ce mets devint même si cher, que le sénat fut forcé de rendre une loi somptuaire pour le défendre. Leur sensualité les avait rendus si difficiles, qu'ils en vinrent à pousser la barbarie jusqu'à fouler aux pieds une truie prête à mettre bas, et même à lui passer des fers rouges dans le corps, pour rendre sa chair plus délicate. Ils étaient parvenus à l'accommoder de manière à la rendre méconnaissable aux palais les plus exercés. On rapporte que le cuisinier de Néron, avec du cochon seul, servait des tourterelles, des poulardes, des canards, et même du poisson.

Chez les Francs et chez les Gaulois, le cochon avait obtenu une préférence marquée sur le bœuf. Il formait un des principaux articles de leurs repas et de leur commerce. Les forêts immenses dont leur pays était couvert, permettaient aux Gaulois d'en élever un assez grand nombre pour fournir le lard, le jambon et la salaison à toute l'Italie. Leur utilité était si bien reconnue et le commerce en était si lucratif, que les habitans des villes en élevaient même dans leurs maisons.

A Madère, la chair du porc est le mets le plus recherché.

Au Mexique, ils sont devenus si précieux, que les propriétaires, en les conduisant au marché, leur revêtissent les pieds d'une espèce de bottine pour les moins fatiguer, tandis que, selon l'histoire, les conducteurs font le même chemin pieds nus.

Le cochon n'a point perdu parmi nous l'estime dont il jouissait chez nos ancêtres, et on ne peut nier qu'il ne la justifie sous tous les points. En effet, tout est utile dans cet animal. La graisse des intestins et de l'épiploon, différente de celle du lard, forme le saindoux et le vieux-oing. On fait des cribles de sa peau, et on en fortifie les malles; les soies dont il est couvert servent à faire des vergettes, des brosses et des pinceaux, et le fumier de sa litière est très-recommandé pour l'engrais des terres légères et sèches. Mais c'est surtout dans la cuisine qu'aucun autre animal ne peut lui être comparé; c'est là qu'il paraît avec tous ses avantages, et que, véritable Protée, au gré de l'artiste en charcuterie, il se métamorphose sous toutes les formes; sa tête, apprêtée en hure de sanglier, devient un mets succulent: la langue et les oreilles se servent en menus droits, ou salées et fumées; les pieds à la braise, à la Sainte-Ménéhould, et farcis aux truffes; ses côtelettes grillées ou en ragoûts excitent notre appétit de mille manières; ses cuisses et ses épaules se changent en jambons; son sang, sa fressure, sa panne, ses boyaux, sa crépine, nous fournissent toutes sortes de boudins, d'andouilles et de saucisses ; sa chair hachée devient le principe de toutes les farces ; la poitrine et le filet servent à faire le petit salé ; son carré se sert rôti, et l'échinée se met en côtelettes ; sa tête désossée se convertit en fromage, et sa graisse nous donne le lard, sans lequel on ne peut faire de cuisine ; enfin il n'y a aucune partie du cochon qui, étant bien préparée, ne puisse fournir des mets excellens.

Si donc, malgré tous ces avantages, la chair du cochon se trouve proscrite chez quelques peuples, il ne faut rien en conclure contre cet animal, mais rechercher quelle peut être la cause d'une telle défense, et on verra qu'elle provient, en Arabie, par exemple, de ce qu'il n'y a point de bois, point de nourriture, et que la salure des eaux et des alimens rend le peuple très-sujet aux maladies cutanées. En poussant plus loin les recherches, on verrait pareillement que si cette défense existe chez d'autres peuples, elle est de même fondée sur des raisons particulières au climat et à leurs mœurs. Les lois qui proscrivent l'usage du cochon dans ces contrées sont donc purement locales, et ne peuvent, sous aucun point de vue, s'appliquer aux pays où les cochons trouvent une nourriture presque universelle, et en quelque sorte nécessaire.

Aprés avoir payé ce juste tribut d'éloges à l'animal qui fait les délices de nos tables, nous croyons devoir dire un mot du petit Traité que nous présentons aujourd'hui au public.

Quoique l'art de la charcuterie ne soit autre chose que la manière d'apprêter la chair de porc, cependant les recettes en sont si nombreuses, qu'il serait presque impossible d'en donner un recueil complet.

D'ailleurs, une telle entreprise, par son étendue, aurait été contraire au but qu'on s'était proposé de faciliter aux fortunes les plus médiocres les moyens de se procurer cet Ouvrage. On s'est donc borné à faire un choix des procédés le plus généralement adoptés, que des expériences successives nous ont même souvent mis en état d'améliorer, ainsi que des préparations les plus simples et les plus économiques, qui ont le double avantage de flatter le goût sans nuire à la santé. On s'est efforcé de les présenter d'une manière claire et précise pour les mettre à la portée de tout le monde : notre intention a été d'être utile, non-seulement aux charcutiers de profession et aux ménagères des villes, mais encore aux habitans de la campagne et aux fermiers qui, élevant des cochons pour leur utilité, n'ont peut-être pas su jusqu'à présent, faute d'instructions nécessaires, tirer un parti aussi avantageux qu'ils auraient pu le faire des ressources que présente cet animal, dont la chair, assaisonnée de mille manières différentes, peut leur offrir en tout temps un repas aussi excellent qu'agréable ; et, en effet, le cochon procure un aliment dont il est difficile de se passer à la campagne. Qui ne connaît pas le prix d'avoir toujours dans une ferme une viande prête à devenir un mets fondamental du repas? On en assaisonne les herbages, les semences légumineuses et les racines potagères, dont l'usage convient si évidemment aux hommes livrés aux travaux pénibles, et par conséquent aux cultivateurs.

LA CHARCUTERIE,

OU

L'ART

DE SALER, FUMER, APPRÊTER ET CUIRE

TOUTES LES PARTIES DIFFÉRENTES

DU COCHON ET DU SANGLIER.

Du Cochon et de sa salaison.

Le porc doit se choisir jeune et gras : on reconnaît que la chair provient d'un jeune porc, si, en la pinçant entre l'index et le pouce, elle se rompt, et que la peau se fende; si, au contraire, la couenne est rude et épaisse, et résiste à la pression, c'est un signe que le porc est vieux; s'il est frais, sa chair sera froide et unie, et quand elle est visqueuse, c'est qu'il est gâté. Il faut bien prendre garde qu'il ne soit ladre, car sa chair, quand il est attaqué de cette maladie, est extrêmement malsaine et indigeste ; elle se reconnaît aisément à de petites taches blanches et roses, dont les chairs, et même le lard, sont parsemés, et que l'on n'aperçoit jamais dans le bon porc frais.

La viande du porc se sale très-bien, et offre de grandes ressources dans tous les ménages, et surtout au printemps, où le porc frais est ordinairement fort cher. La saison la plus favorable pour saler indistinctement toutes les viandes est l'hiver ; préparées dans un autre temps, elles ne sont point susceptibles de conservation. Il faut que le sel que l'on emploie soit parfaitement sec et bien égrugé. Dès que le porc est tué, refroidi et découpé, garnissez le fond du saloir d'une bonne couche de sel ; étendez chaque morceau après l'avoir bien frotté de sel tout autour ; faites un premier lit des plus gros morceaux sur lequel vous en jetterez encore, puis un second, et ainsi de suite ; les autres pièces les moins en chair, comme oreilles, tête et pieds, doivent occuper le dessus. Le tout étant distribué et arrangé, recouvrez la partie supérieure d'un lit copieux de sel : fermez exactement le saloir, de manière à empêcher l'accès de l'air extérieur pendant six semaines environ.

Voici une autre manière de le saler, qui se pratique dans l'île de Sandwick : tuez l'animal le soir, et après en avoir séparé les entrailles, ôtez les os des jambes et des échines ; divisez le reste en morceaux de sept à huit livres ; mettez-les au saloir ; tandis que la chair est encore pourvue de sa chaleur naturelle, frottez de sel les morceaux, entassez-les sur une table élevée, couvrez-les de planches surchargées de poids les plus lourds, et laissez-les ainsi jusqu'au lendemain au soir ; quand vous les trouverez en bon état, mettez-les dans une cuve remplie de sel et de marinade ; s'il y a des morceaux qui ne prennent point le sel, retirez-les sur-le-champ, et mettez les parties saines dans un nouvel assaisonnement de sel et de vinaigre : six jours après, sortez-les de la cuve, examinez-les pour la dernière fois, et quand vous voyez qu'ils sont légèrement comprimés, mettez-les en barriques, en plaçant une légère couche de sel entre chaque morceau.

Dans les petits ménages, où l'on ne sale que quelques livres de cochon, on a le soin d'examiner si la viande n'est pas trop salée au moment de s'en servir ; alors, en la retirant du saloir, on la trempe dans l'eau bouillante, et on la suspend au plancher, ou bien à la cheminée, ou elle sèche insensiblement.

Du Verrat et manière de préparer le faux Verrat.

Quand le verrat est jeune, sa couenne est passablement tendre au toucher ; mais, en vieillissant, elle devient rude et épaisse. La couenne et la graisse du jeune verrat et de la jeune truie sont très-tendres.

Pour faire un faux verrat, frottez la tête et la peau du ventre d'un jeune porc avec du salpêtre ; laissez-les ainsi pendant quatre jours, et lavez-les ensuite avez soin ; faites cuire la tête, et dépouillez-la de toute la chair, que vous couperez en morceaux ; prenez quatre pieds de bœuf, et faites-les cuire ; enlevez-en pareillement toute la chair, que vous coupez en petites tranches ; mêlez ces chairs avec celles de la tête ; mettez ensuite le tout dans la peau du ventre, que vous roulez et entourez d'une feuille d'étain très-mince ; faites cuire dans de l'eau pendant quatre à cinq heures ; étant cuit, posez votre faux verrat sur un bout, et fermez l'ouverture de l'autre bout avec un morceau de bois ; surchargez-le d'un poids très-lourd ; laissez-le reposer dans cet état dix à douze heures ; retirez ensuite votre viande de la feuille d'étain : ficelez-la, et mettez-la dans une saumure faite avec de l'eau de source et du sel. Pour la conserver long-temps, il faut avoir le soin de changer cette saumure une ou deux fois par semaine.

Ce faux verrat s'emploie comme le porc ordinaire ; coupez-le par tranches, et garnissez-le de persil.

Hure de Cochon.

Coupez votre hure jusqu'à la moitié des épaules ; faites-la brûler à un feu clair sur le fourneau bien ardent, et frottez-la, à force de bras, avec une brique, et ensuite avec un couteau, pour en ôter toutes les soies ; avec un fer rouge, brûlez les poils qui sont en dedans des oreilles ; votre tête étant bien appropriée, désossez-la en entier, en prenant bien garde de percer la peau ; votre hure étant bien parée, mettez-la dans une terrine avec des débris de chair de porc frais dont vous aurez ôté la peau et les nerfs, sel, poivre en grains, aromates pilés, feuilles de laurier, quatre épices, plusieurs gousses d'ail, une demi-once de salpêtre en poudre, thym, basilic et de la sauge, persil, ognons et ciboules hachés ; laissez-la mariner dans cet assaisonnement pendant neuf ou dix jours, et couvrez bien votre terrine ; au bout de ce temps, retirez-la et égouttez-la ; remplissez ensuite votre hure avec tout l'assaisonnement dans lequel elle a mariné, et faites-lui reprendre sa première forme ; cousez-la avec une aiguille à brider, et ficelez-la de manière qu'elle ne puisse se déformer pendant la cuisson; enveloppez-la dans un linge blanc, dont vous liez les deux bouts avec de la ficelle; mettez-la dans une braisière avec des débris de plusieurs sortes de viande de boucherie, surtout de veau, des couennes, des carottes, des ognons, plusieurs feuilles de laurier, de thym, du basilic, bouquet de persil et ciboules, clous de girofle, de l'ail et du sel, deux bouteilles de bon vin rouge, et les os de votre tête; mouillez ensuite votre hure avec du bouillon, jusqu'à ce qu'elle trempe dans son assaisonnement, et faites-la cuire à très-petit feu pendant neuf à dix heures; sondez-la pour voir si elle est cuite; si la lardoire a de la peine à entrer, c'est qu'elle ne l'est pas; la cuisson achevée, retirez votre braisière du feu; laissez votre hure dedans avec tout son assaisonnement pendant deux heures; étant presque tiède, retirez-la avec un autre linge, et pressez-la pour en exprimer le liquide qui pourrait y être resté; faites en sorte de ne pas lui faire perdre sa forme; laissez-la refroidir dans son étamine; étant tout-à-fait refroidie, ôtez le linge qui l'enveloppait; retirez la graisse qui pourrait se trouver dessus; enlevez les ficelles, appropriez-la; dressez-la sur une serviette, et servez-la garnie de persil vert.

DU JAMBON.

Manière d'accommoder les Jambons.

On n'emploie que la cuisse et l'épaule du cochon pour faire les jambons : après les avoir bien parées et nettoyées, il faut les saler et les fumer ; à cet effet, faites une saumure plus ou moins considérable, selon la quantité de jambons que vous voulez préparer ; mettez dans le vaisseau où vous devez faire mariner vos jambons du sel en quantité suffisante, du poivre, un peu de salpêtre, et toutes sortes d'herbes odoriférantes, comme thym, laurier, basilic, baume, marjolaine, sariette, genièvre, sauge et romarin ; mouillez tous ces ingrédiens avec moitié eau et moitié lie de vin, la meilleure que vous pourrez trouver ; laissez infuser toutes ces herbes dans la saumure pendant vingt-quatre heures ; passez-la ensuite au clair ; mettez ensuite tremper dedans vos jambons pendant quinze jours ; ensuite retirez-les, faites-les égoutter, essuyez-les et mettez-les fumer à la cheminée.

Pour les conserver quand ils sont secs, frottez-les avec de la lie de vin rouge épaisse, saupoudrez-les de cendres, faites sécher de nouveau, et pendez-les en un lieu sec. Si vous voulez en porter en campagne, encaissez-les avec des copeaux au dedans de vieux tonneaux, et du foin pour les assujettir.

Quand vous voulez les faire cuire, nettoyez-les sans endommager la couenne ; faites-les dessaler deux ou trois jours, suivant qu'ils seront vieux ou nouveaux ; enveloppez-les dans un linge blanc ; mettez-les dans une marmite avec deux pintes d'eau et autant de vin rouge par jambon, racines, ognons, gros bouquet de toutes sortes de fines herbes ; faites mijoter votre jambon pendant cinq à six heures : sa cuisson achevée, laissez-le refroidir dans son assaisonnement ; retirez-le, et enlevez légèrement la couenne sans toucher à la graisse, que vous saupoudrez de persil haché, avec du poivre et de la chapelure de pain ; passez un peu dessus la pelle rouge pour faire prendre la chapelure, et donner belle couleur au jambon. Servez froid sur une assiette pour gros entremets.

Jambon à la braise.

Prenez un jambon, parez-le en dessous, coupez le manche, et désossez l'os du quasi sans endommager votre jambon ; faites-le dessaler ; ficelez-le, et mettez-le dans une marmite proportionnée à sa grosseur, en prenant la précaution de poser le maigre en dessous ; foncez votre marmite de bardes de lard et de tranches de bœuf et de veau, avec ognons, carottes, bouquet de persil et ciboules, clous de girofle, laurier, thym, basilic; mouillez avec de l'eau, et faites cuire à petit feu; à moitié de la cuisson, ajoutez un demi-setier d'eau-de-vie et une bouteille de vin de Champagne; ne mettez pas de couvercle sur votre marmite, et faites réduire votre sauce. Pour vous assurer si votre jambon est cuit, sondez-le avec une lardoire; si elle s'enfonce facilement, c'est que sa cuisson est achevée, alors retirez-le; faites-le égoutter, levez-en la couenne; glacez-le avec une glace de veau; à défaut, saupoudrez-le avec du sucre fin, et glacez-le au four ou avec une pelle rouge; étant de belle couleur, servez-le sur des épinards, ou tous autres légumes que vous jugerez à propos.

Jambon à la broche.

Parez le dessus de votre jambon, ôtez-en la couenne; faites dessaler à l'eau tiède, et mettez-le tremper ensuite dans un vase de terre, avec tranches d'ognons et de carottes, deux ou trois feuilles de laurier, et une bouteille de vin d'Espagne; à son défaut, employez une bouteille de vin de Champagne; couvrez d'un linge, et fermez le plus hermétiquement possible; laissez mariner votre jambon dans cet assaisonnement pendant vingt-quatre heures, ensuite enveloppez-le de papier, et mettez-le à la broche; faites-le cuire et arrosez-le de sa marinade; étant cuit, panez-le avec de la mie de pain fine et persil haché; faites-lui prendre belle couleur à la broche; retirez votre marinade, passez-la au tamis, faites-la réduire à courte sauce, et servez-la sous votre jambon.

Jambon à la Westphalienne.

Faites tremper votre jambon pendant sept à huit jours dans de l'eau de puits; lavez-le bien, et essuyez-le avec un linge; prenez deux livres de sel gris, autant de sel blanc, une livre de salpêtre, et autant de cassonade; faites bouillir le tout pendant une demi-heure dans quatre pintes d'eau de puits, et ajoutez une once de souchet des Indes; retirez votre saumure du feu; étant refroidie, mettez dedans votre jambon, et l'y laissez mariner pendant quinze jours; au bout de ce temps, retirez-le de la saumure, frottez-le avec de la sciure de bois, faites-le sécher, et accrochez-le dans un endroit sec et frais.

Suivez les mêmes procédés de point en point pour préparer les langues.

Le lard peut aussi se préparer de la même manière, mais il faut avoir soin de ne pas laver votre flèche avant de la mettre dans la saumure.

Manière de faire les Jambons de Bayonne et de Mayence.

Pour le jambon de Bayonne : avant que de saler votre jambon, attendez sept ou huit jours pour qu'il soit gluant ; lavez-le, et ôtez-en la peau ; prenez autant d'onces de sel qu'il pèse de livres, et autant de salpêtre que de sel ; pilez bien le tout ensemble ; assaisonnez-en votre jambon, que vous mettrez sur une planche que vous placerez en pente, en ayant soin de tenir dessous une terrine, pour recueillir la saumure qui doit en dégoutter ; arrosez-en chaque jour le jambon ; quand il aura bien pris sa saumure, essuyez-le bien, et frottez-le avec de la lie de vin ; cette lie étant sèche, mettez le jambon à la cheminée ; faites-le fumer à la fumée de genièvre, trois ou quatre fois par jour l'espace d'une heure, pendant une semaine ; étant sec et bien parfumé, mettez-le dans la cendre pour le conserver.

Pour le jambon de Mayence ; salez vos jambons avec du salpêtre pur, et mettez-les pendant huit jours sous un pressoir à linge ; trempez-les ensuite dans de l'esprit de vin, dans lequel vous aurez fait infuser des baies de genièvre pilées, et faites-les fumer à la fumée de bois de genièvre.

Jambon à l'Anglaise.

Prenez un bon jambon formé de la cuisse du cochon et d'une partie des reins ; frottez-le avec du sel commun, étendez-le sur une table, et laissez-le ainsi pendant vingt-quatre heures ; prenez par jambon un quarteron de sel gris, un demi-quarteron de salpêtre, autant de sel de prunelle, une demi-livre de sucre et deux livres de sel commun ; pilez bien le tout ensemble ; frottez-en vos jambons, et mettez-les dans le saloir ; continuez de les frotter ainsi pendant quinze jours ; au bout de ce temps, retirez-les de la saumure, et essuyez-les avec un linge ; pendez-les à la cheminée, et fumez-les au feu de sciure de bois et de genièvre ; étant bien secs, accrochez-les dans un lieu aéré sans être humide ; ayez soin qu'ils ne soient point trop près du mur, et qu'ils ne se touchent ni les uns ni les autres.

Jambon de Bœuf.

Prenez un morceau de cuisse de bœuf le plus gras possible, que vous faites couper de toute la circonférence de la cuisse et au-dessus de la culotte ; ayez soin que le gros os se trouve au milieu ; au lieu de le casser, sciez-le ; prenez trois livres de sel commun, deux onces de salpêtre, un peu de fines épices et d'aromates en poudre, une poignée de baies de genièvre, deux onces de sel de prunelle, et une demi-livre de sucre; pilez le tout ensemble. Cette saumure suffit pour un jambon de bœuf de douze à quinze livres : plus fort, on augmenterait la dose en proportion; frottez toutes les parties de votre jambon avec vos ingrédiens; mettez-le ensuite dans une grande terrine de grès avec le restant de votre assaisonnement; couvrez-la d'un linge que vous liez tout autour avec une ficelle, et recouvrez-la ensuite avec le couvercle le plus hermétiquement possible; mettez-la au frais pendant trois à quatre jours; après retournez votre jambon dans la saumure, et continuez ainsi tous les deux jours pendant trois semaines; au bout de ce temps, retirez-le de la saumure, accrochez-le et laissez-le égoutter vingt-quatre heures; mettez-le fumer sept à huit jours, retournez-le de temps en temps, pour qu'il soit fumé également, ensuite accrochez-le dans un lieu sec et froid. Ce jambon se sert cuit sur de la choucroute (1) garnie de saucisses, cervelas et petit-lard, ou saucée avec un jus de bœuf.

La poitrine, les tendons et la noix de bœuf

(1) Voyez la manière de faire la choucroute dans l'ouvrage intitulé : *La Cuisinière de la campagne et de la ville.*

peuvent remplacer la culotte et se préparent de même.

Ce jambon peut aussi se manger froid avec de la moutarde.

De la Poitrine.

La poitrine se met en petit-salé (Voyez cet article.)

De l'Échinée et du Carré de Cochon.

Le carré et l'échinée se mettent en côtelettes et s'apprêtent alors comme il est indiqué à cet article. Quand ils se mettent à la broche, on les sert avec une sauce à la moutarde, ou un ragoût de petits ognons; voici comment on les prépare pour les servir de cette manière :

Prenez une échinée que vous coupez bien carrément, en ayant soin de laisser partout l'épaisseur d'un doigt de graisse; il faut que votre carré soit bien couvert; ciselez le gras qui le couvre, et mettez-le à la broche après l'avoir saupoudré d'un peu de sel dessous et dessus; faites-le cuire, deux heures doivent suffire pour la cuisson; et servez-le, pour rôti ou pour entrée, avec une sauce Robert, une sauce poivrade, tomate, piquante ou un ragoût quelconque de légumes (1).

(1) Voyez pour ces sauces et ragoûts *la Cuisinière de la campagne et de la ville.*

Grosse pièce.

La grosse pièce est le quartier du cochon qui va jusqu'à la première côte près le rognon ; coupez-le en carré, laissez-le couvert de sa couenne que vous ciselez, passez des brochettes de bois dans les flancs, faites-les joindre jusqu'au filet pour lui conserver sa forme; embrochez-le, et laissez-le cuire pendant quatre heures au moins, parce que le cochon demande à être bien cuit; servez avec une sauce piquante ou un ragoût bien assaisonné.

Filets mignons.

Levez les filets mignons dans toute leur longueur ; piquez-les de lard fin ; laissez-les en long, ou donnez-leur une forme ronde pour les mettre en gimblettes, piquez-les par-dessus ; foncez une casserole de bardes de lard, tranches de veau, carottes, ognons ; arrangez dessus vos filets, et assaisonnez de clous de girofle, bouquet de persil, ciboules et feuilles de laurier ; couvrez vos filets d'un double rond de papier beurré ; mouillez d'un verre de bouillon, mettez votre casserole sur le feu, laissez cuire vos filets pendant une heure, mettez du feu sur le couvercle pour les glacer ; au moment de servir, égouttez-les, dressez-les dans le plat, et servez-les avec de la chicorée, des concombres, une purée de champignons ou telle autre que vous voudrez, une sauce tomate ou une sauce piquante (1).

Oreilles de Cochon.

Prenez des oreilles de cochon; flambez-les, et brûlez les poils qui peuvent se trouver en dedans avec un fer rouge; ratissez-les bien, lavez-les dans plusieurs eaux, essuyez-les, et faites-les cuire dans une casserole avec rouelle de veau et jambon coupés en dés, lard râpé, carottes en tranches, ognons, bouquet de persil, ciboules, clous de girofle, laurier, thym, basilic; mouillez avec du bouillon; vos oreilles étant cuites, laissez-les refoidir, ensuite coupez-les en filets; prenez plusieurs ognons que vous coupez en deux, mettez-les dans une casserole avec un morceau de beurre frais, passez-les, faites-les cuire; étant bien blancs, ajoutez-y du blond de veau; si vous n'en avez point, mettez une cuillerée de farine, un filet de vinaigre, sel, poivre; mouillez avec du bouillon; laissez cuire vos ognons, jetez dedans vos filets, remuez le tout ensemble, et faites chauffer sans faire bouillir; dressez votre ragoût, et servez avec des croûtons à l'entour.

---

(1) Voyez la note page 26.

Oreilles de Cochon à la braise.

Préparez vos oreilles comme il est indiqué à l'article précédent ; mettez-les cuire dans une braise que vous faites avec bouillon, vin rouge, bouquet garni, ognons, racines, sel et poivre ; étant cuites, panez et faites griller ; servez-les à sec.

Oreilles de Cochon en menus droits.

Préparez et faites cuire vos oreilles comme il est indiqué à l'article précédent ; étant cuites, coupez-les en filets ; prenez des ognons que vous coupez en deux, passez-les sur le feu avec un morceau de beurre ; à moitié de la cuisson, mettez dedans vos filets, et mouillez avec deux ou trois cuillerées de blond de veau, un bouquet garni assaisonné de bon goût ; laissez cuire votre ragoût tout doucement ; étant cuit et réduit à courte sauce, degraissez-le et servez avec un peu de moutarde avec filet de vinaigre.

Elles peuvent encore se servir cuites sur le gril ; faites-les mariner avec huile fine, sel, gros poivre, persil, ciboules, champignons, une gousse d'ail, le tout haché ; trempez-les dans la marinade, et panez-les avec de la mie de pain ;

faites-les griller, et servez-les avec une sauce claire et piquante, ou sans sauce.

Oreilles de Cochon à la Sainte-Ménéhould.

Vos oreilles étant préparées comme il est indiqué aux articles précédens, mettez-les dans une casserole avec thym, laurier, ognons, carottes, clous de girofle, persil, ciboules, sel, chopine de vin blanc, et panne de porc coupée en dés; laissez-les cuire tout doucement un jour entier sans discontinuer; qu'elles ne soient jamais à sec; mouillez avec du bouillon; laissez-les refroidir dans leur assaisonnement; au moment de servir, trempez-les dans du beurre tiède, panez-les de mie de pain, faites-les griller, et servez-les sans sauce.

Oreilles de Cochon à la purée.

Préparez plusieurs oreilles de cochon de la manière indiquée ci-dessus; mettez-les cuire dans une braise (voyez l'article des *Oreilles de cochon à la braise*); leur cuisson étant faite, égouttez-les; dressez-les dans un plat, et masquez-les avec une purée de pois, de lentilles ou toute autre purée (1).

(1) Voyez, pour la manière de faire les purées, l'article PURÉE, dans *la Cuisinière de la campagne et de la ville.*

Queues de Cochon à la purée.

Prenez plusieurs queues de cochon, auxquelles vous laisserez leur couenne ; coupez-les de sept à huit pouces de long par le gros bout ; nettoyez-les et flambez-les, ensuite mettez-les cuire avec lentilles, carottes, ognons, clous de girofle, feuilles de laurier ; mouillez avec du bouillon et assaisonnez de sel ; vos queues étant cuites, mettez-les dans une casserole avec un peu de bouillon ; passez les lentilles à l'étamine ; mettez votre purée dans une casserole ; faites-la réduire si elle n'est pas assez épaisse ; dressez vos queues de cochon dans un plat, et couvrez-les de votre purée.

Pieds de Cochon à la Sainte-Ménéhould.

Flambez vos pieds de cochon, afin d'en enlever toutes les soies ; ratissez-les et lavez-les dans l'eau chaude, pour qu'ils soient bien propres ; fendez-les en deux ; rapprochez les morceaux l'un contre l'autre ; entortillez-les entièrement de rubans de fil, nouez les deux bouts de ruban, de crainte que vos pieds ne se détachent dans leur cuisson ; faites-les cuire comme il est indiqué pour les *oreilles de cochon à la Sainte-Ménéhould* ; étant cuits, laissez-les refroidir ; détachez les rubans, séparez les morceaux, trempez-les dans du beurre légèrement fondu ; panez-les, faites-les griller, et servez-les sans sauce pour entremets.

Pieds de Cochon aux truffes.

Préparez et faites cuire vos pieds de cochon comme il est indiqué à l'article précédent ; laissez-les cuire tout doucement pendant huit heures ; étant à moitié froids, retirez-les de leur cuisson et ôtez-en les rubans ; mettez chacun de ces pieds sur un morceau de crépine assez grand pour pouvoir l'envelopper ; ôtez-en tous les os, et remplissez le vide qu'ils laisseront avec une farce que vous ferez de la manière suivante : Prenez des blancs de volaille cuite à la broche, autant de mie de pain hachée et pilée, et autant de tétine de veau que de pain et de volaille ; pilez bien le tout ensemble, et faites dessécher sur le feu dans du bouillon ; ajoutez-y trois ou quatre jaunes d'œufs, des truffes hachées, un peu des quatre épices, sel, gros poivre, un peu de crème ; votre farce étant finie, mettez-y des truffes coupées en tranches ; vos pieds étant bien farcis, enveloppez-les de la crépine sur laquelle vous les avez placés ; ayez bien soin de conserver la forme de vos pieds ; trempez-les dans du beurre légèrement fondu, panez-les de mie de pain, faites-les griller sur un feu doux, et servez-les à sec; au lieu de volaille, vous pouvez employer d'autre chair, comme celle de veau, lapereau, faisan, etc.

Rognons de Cochon au vin de Champagne.

Prenez des rognons de porc frais; émincez-les, mettez-les dans une casserole avec un morceau de beurre, sel, poivre, muscade râpée, petits ognons, persil, ciboules et échalotes, le tout haché très-mince; faites aller vos rognons à grand feu, ayant soin de les sauter sans cesse pour les empêcher de s'attacher; quand ils seront raidis, ajoutez un peu de farine, que vous remuerez avec votre émincé; mouillez ensuite avec un verre de vin de Champagne; achevez de faire cuire votre ragoût, en le remuant sans le laisser bouillir; la cuisson étant achevée, dressez et servez.

DU LARD.

Manière de faire le Lard.

Le lard étant d'un usage général dans la cuisine, nous allons entrer d'abord dans quelques détails sur la manière de le choisir, et sur ses différentes dénominations en cuisine.

Le lard proprement dit est ce qui est compris entre l'épaule et la cuisse du porc, depuis l'échine jusqu'au-dessous du ventre des deux côtés. Le gras du bon lard est ferme et a une teinte rouge; le maigre est d'une belle couleur et serré contre l'os; mais si vous apercevez des raies jaunes, c'est un signe qu'il est rance ou prêt à le devenir; si le porc est jeune, la couenne est mince; et épaisse, s'il est vieux; le lard des cochons nourris de glands est ferme et d'un meilleur goût que celui des cochons qu'on nourrit de son.

On appelle *petit-lard* un morceau de cochon où il y a de la chair qui tient à la graisse; le meilleur et le plus appétissant est celui où la graisse et la chair se trouvent distribuées en plusieurs couches, et que, pour cette raison, on appelle *entrelardé*.

On appelle *flèche de lard* cette graisse qu'on lève tout le long d'un des côtés du porc, qu'on sale et qu'on garde long-temps. Le lard gras sert à former des lardons pour piquer les viandes, ou à former les bardes avec lesquelles on les recouvre.

Pour faire le lard, enlevez-le de dessus le cochon, et ne laissez que le moins de chair que vous pouvez; frottez-le bien partout de sel fin, sec, pilé et passé au tamis; mettez vos morceaux de lard les uns sur les autres, chair contre chair; arrangez-les sur des planches dans la cave, remettez du sel tout autour, et posez d'autres planches sur le lard; chargez ensuite ces planches avec des pierres d'un poids assez lourd, afin que le lard soit plus ferme; laissez-le ainsi pendant quinze jours ou trois semaines, ensuite suspendez-le dans un endroit sec pour le faire sécher : il faut qu'il soit ferme et sec pour que l'on puisse s'en servir pour piquer.

Autre manière.

Frottez-bien votre lard avec du sel gris, et laissez-le s'imprégner de cette saumure au moins pendant une semaine; au bout de ce temps, retirez-le de la saumure, frottez-le avec du salpêtre pilé et échauffé, et le lendemain avec du sel chaud et sec; laissez encore votre lard dans la saumure pendant six à sept jours, en ayant soin de le frotter souvent; retournez-le et laissez-le prendre sel encore pendant trois semaines ou un mois, ensuite faites-le sécher et suspendez-le, pour l'employer quand vous jugerez à propos.

Manière de faire le Lard à l'Anglaise.

Choisissez une flèche de porc frais, dont vous ôtez toute la graisse intérieure; posez-la de manière que le sang puisse en sortir aisément ; frottez-la bien des deux côtés avec du sel, et laissez-la pendant un jour dans ce sel : pilez ensemble deux livres de sel gris, quatre onces de salpêtre, ajoutez-y deux livres de cassonade et autant de sel commun ; ôtez entièrement l'ancien sel qui reste sur votre flèche, et mettez-la ensuite dans le saloir, où vous la frottez avec la saumure qui vient d'être indiquée ; mettez-en dessous le côté de la couenne, et arrosez votre lard pendant quinze jours avec cette saumure ; accrochez-le et faites-le sécher à la fumée de bois ; suspendez-le dans un lieu sec et frais pour le conserver.

Il faut avoir la précaution de ne jamais mettre de lard ni de jambon dans une cuisine chaude, ni dans un lieu exposé au soleil, parce que vous les feriez devenir rances ; ayez soin aussi de ne pas les suspendre contre le mur, et arrangez-les de manière qu'ils ne se touchent point entre eux, et qu'ils ne soient non plus touchés par aucun autre corps.

Rôties au Lard.

Prenez un pain mollet d'une livre long et rassis ; coupez-en les deux extrémités, et lardez le milieu avec des lardons de petit-lard ; coupez ensuite ce pain par tranches de l'épaisseur de deux lignes ; trempez ces rôties dans de l'œuf battu, et mettez-les à mesure dans une friture qui ne soit pas trop chaude ; faites-les frire à petit feu jusqu'à ce qu'elles soient d'une belle couleur, et servez-les avec une sauce claire, un filet de vinaigre et un peu de gros poivre.

Manière de faire le Petit-Salé.

Toutes les parties du cochon, excepté les pieds, peuvent servir à faire du petit-salé ; cependant on préfère le plus ordinairement le filet. Coupez la partie que vous choisissez par morceaux de la grandeur et de la grosseur que vous jugerez à propos ; pour quinze livres de viande, employez une livre de sel pilé ; frottez-en tous vos morceaux, et mettez-les au fur et à mesure dans un pot; pressez-les le plus que vous pourrez, et remplissez les vides que pourra laisser le sel ; recouvrez ensuite votre vase avec un couvercle qui le bouche le plus hermétiquement possible. Toutes ces précautions sont nécessaires pour empêcher que la viande ne prenne le goût d'évent. Au bout de six à huit jours elle a pris sel, et vous pouvez vous en servir. Si vous voulez garder votre petit-salé plus long-temps, il faut le saler davantage ; mais plus le salé est nouveau, meilleur il est. Il ne faut point mettre de sel dans les ragoûts avec lesquels on mange le petit-salé ; au contraire, s'il avait pris trop de sel, faites-le dessaler dans l'eau tiède jusqu'à ce qu'il soit au degré de salure que vous voulez. Le petit-salé se mange avec de la purée de pois, de lentilles et de navets, ou avec des ragoûts de choux et autres légumes.

Saindoux.

Le saindoux est de la graisse de porc dont on fait un grand usage en cuisine, surtout pour les fritures; dans beaucoup de mets on l'emploie même préférablement au lard. Pour le faire, prenez de la panne bien blanche et la plus épaisse possible; ôtez-en toutes les peaux; coupez-la par petits morceaux, et mettez-la dans un chaudron avec un demi-setier d'eau, un ognon piqué de clous de girofle; faites-la fondre à très-petit feu, et faites bouillir long-temps pour qu'elle soit bien cuite et que le saindoux puisse se garder. Vous reconnaîtrez que la cuisson est achevée, lorsque les crétons qui ne se fondent point commenceront à prendre couleur; alors retirez votre préparation du feu, et laissez-la refroidir un peu; quand elle ne sera plus que tiède, passez-la au tamis; étant tout-à-fait froide, servez-vous-en comme vous le jugerez à propos. Pour conserver le saindoux, il faut le mettre dans un endroit frais.

Fressure de Cochon à la bourgeoise.

Coupez votre fressure par morceaux ; faites-la dégorger dans l'eau fraîche et blanchir ensuite à l'eau bouillante ; mettez-la dans une casserole avec un morceau de beurre, un bouquet garni ; jetez-y légèrement une ou deux pincées de farine et mouillez avec du bouillon ; votre ragoût étant cuit et de bon goût, mettez dans la sauce une liaison de trois jaunes d'œufs délayés avec un peu de lait ; faites lier sur un feu doux, et servez avec un filet de verjus ou de vinaigre.

Côtelettes de Cochon à la sauce Robert.

Coupez vos côtelettes de porc frais comme celles de veau ; laissez dessus un peu de gras ; aplatissez-les et parez-les ; saupoudrez-les de sel des deux côtés ; faites-les griller. Leur cuisson entièrement achevée, servez-les avec une sauce Robert ou une sauce piquante.

Côtelettes de Porc frais en ragoût.

Prenez un carré de porc frais ; coupez-le en côtelettes, et faites-les cuire avec un peu de bouillon, un bouquet garni, peu de sel et poivre. Ayez un ris de veau, faites-le blanchir; coupez-le ensuite en morceaux, et mettez-les dans une casserole avec champignons, quelques foies de volaille et un morceau de beurre; passez le tout sur le feu; mettez-y une bonne pincée de farine, mouillez moitié bouillon et moitié vin blanc, un verre de chacun, et autant de jus qu'il en faut pour colorer le ragoût; sel, gros poivre, bouquet de persil, ciboules, clous de girofle, une gousse d'ail; laissez cuire et réduire à courte sauce; servez sur les côtelettes.

Vous pouvez encore passer les côtelettes de la même façon que le ragoût, et quand elles sont cuites un peu plus de moitié, mettez-y les ris, foies et champignons avec le même assaisonnement.

Côtelettes de Porc frais à la cendre.

Prenez une échinée de porc frais, coupez-la en côtelettes; passez-les sur le feu avec lard fondu, persil, ciboules, champignons, pointes d'ail hachées, sel et gros poivre: foncez une casserole de tranches de veau et de jambon; arrangez dessus vos côtelettes, et arrosez-les avec leur assaisonnement; couvrez-les de bardes de lard, et faites cuire à petit feu; à la moitié de la cuisson, mouillez avec un verre de vin de Champagne;

vos côtelettes étant cuites, retirez-les et dressez-les dans un plat; finissez votre sauce avec deux cuillerées de coulis, dégraissez-la en la passant au tamis, versez-la sur les côtelettes, et servez avec un jus de citron.

Pâté de Cochon à l'Angloise.

Prenez une longe de porc; dépouillez-la, coupez-la ensuite par tranches et assaisonnez de sel, poivre et muscade; faites deux abaisses de bonne pâte; dressez votre pâté; mettez au fond une tranche de porc, et dessus des tranches de pommes de reinette, dont vous aurez enlevé la pelure et les cœurs, et y ajoutez un peu de sucre pour adoucir le pâté; mettez par-dessus une nouvelle tranche de porc, puis un lit de tranches de pommes de reinette, et ainsi de suite jusqu'à la fin; versez dans votre pâté un bon verre de vin blanc, et couvrez avec du beurre; fermez votre pâté avec la seconde abaisse; mettez au four, et faites-le bien cuire; étant cuit, retirez-le et servez-le chaud; on peut le laisser refroidir si l'on préfère le manger froid.

Pudding de Cochon.

Prenez un morceau de cochon salé : pour le dessaler, faites-le tremper pendant vingt-quatre heures dans l'eau douce ; retirez-le, faites-le ressuyer, et assaisonnez-le de poivre ; mettez-le dans une bonne pâte faite avec de la farine et de la graisse de rôti, ou de la graisse crue de mouton hachée très-menue ; roulez bien votre pâte ; mettez-la dans un linge, dont vous liez les deux bouts, et faites-la cuire dans l'eau bouillante pendant cinq heures : ce temps suffit ordinairement pour un pudding de quatre à cinq livres ; s'il était plus gros, laissez-le au feu plus long-temps.

DU BOUDIN.

Boudin ordinaire.

Prenez six ognons que vous hachez ; faites-les cuire avec un peu d'eau et de la panne coupée en dés, bouquet de persil et ciboules, thym, basilic et feuilles de laurier. Lorsque vos ognons sont bien cuits, et qu'il ne reste plus que de la graisse, ajoutez-y une chopine de sang de cochon ; ayez soin, quand on saigne le cochon, de remuer continuellement avec la main le sang qui sort de la gorge de l'animal, afin de n'y laisser aucun grumelot, et d'en ôter toutes les fibres qui viennent à la main en une masse semblable à de la filasse ; il faut y ajouter un filet de vinaigre pour l'empêcher de se cailler, ou bien le mettre dans un endroit chaud. Coupez en dés trois quarterons de panne; mettez-la dans le sang avec un demi-setier de crème double et fines herbes hachées, épices, sel et poivre; mêlez bien le tout ensemble; ayez des boyaux de cochon bien nettoyés; pour cela, après les avoir ratissés et lavés à l'eau chaude, passez-les à l'eau froide; remplissez-les ensuite de tous vos ingrédiens, au moyen d'un entonnoir propre à cet usage; liez-les aux deux bouts, et de distance en distance, suivant la longueur dont vous voulez faire vos boudins; ayez soin que vos boyaux ne soient pas trop pleins, de crainte qu'ils ne crèvent dans la cuisson; faites-les cuire à l'eau bouillante; un quart d'heure suffit ordinairement; pour vous assurer s'ils sont cuits, retirez-les avec une écumoire, et si, en les piquant avec une épingle, il n'en sort que de la graisse, c'est une marque que leur cuisson est achevée; alors faites-les refroidir, et quand vous voudrez les servir, incisez-les en différens endroits, mettez-les cuire sur le gril, et servez-les avec de la moutarde.

Boudin blanc.

Prenez une demi-douzaine de petits ognons; faites-les cuire dans du bouillon avec clous de girofle, basilic, thym, laurier, un bouquet de persil, ciboules, sel et poivre; étant cuits, hachez-les très fin; mettez sur le feu une chopine de bon lait; faites-le bouillir, et ajoutez-y après une bonne poignée de mie de pain; passez à la passoire; faites bouillir le tout ensemble, en le remuant fréquemment, jusqu'à ce que la mie de pain ait tari tout le lait et soit bien épaisse; faites-la refroidir; mettez-la ensuite dans un mortier avec les ognons, quelques amandes douces pilées et passées à l'étamine; ajoutez-y une demi-livre de panne coupée en morceaux, six jaunes d'œufs crus, des blancs de volailles cuites à la broche hachés très-fin; mêlez et pilez le tout ensemble, et délayez avec plus d'un demi-setier de crème double; assaisonnez de sel fin et fines épices; ayez des boyaux de cochon bien nettoyés; remplissez-les de votre appareil, et liez-les aux deux bouts, et de distance en distance, suivant la longueur dont vous voulez faire vos boudins; ayez soin qu'ils ne soient pas trop pleins. On peut les faire cuire dans du lait ou dans de l'eau; cependant ils sont bien meilleurs cuits dans le lait; mais la façon en est toujours la même. Faites bouillir de l'eau; mettez-y vos boudins, et faites-les bouillir jusqu'à ce qu'ils soient cuits; un quart d'heure suffit; vous jugerez que leur cuisson est faite, si, en les piquant avec une épingle, il n'en sort que de la graisse; étant cuits, retirez-les, mettez-les à l'eau fraîche et faites-les égoutter. Pour les faire griller, mettez-les dans une caisse de papier, et piquez-les au lieu de les inciser; ôtez-les de la caisse pour les servir chaudement.

Boudin de viande de boucherie et de volaille.

Prenez de la viande de boucherie ou de la volaille cuite à la broche, hachez-la très-menue; prenez du sang de cochon, de la panne coupée en dés, un peu de crème; mêlez le tout ensemble; ajoutez-y vos chairs bien hachées avec un peu de crème, sel, fines épices, persil, ciboules, un peu de basilic, le tout haché; mettez votre appareil dans des boyaux de cochon bien nettoyés, en ayant la précaution de ne les emplir qu'aux trois quarts, et finissez comme il est indiqué aux articles précédens.

Boudin d'écrevisses.

Prenez un quarteron d'écrevisses; lavez-les et faites-les bouillir un moment dans de l'eau et du bouillon; étant cuites, retirez-les, épluchez-en les queues, que vous mettez à part avec les œufs, si elles en ont: ôtez les petites pates, et supprimez tout le dedans du corps; pilez les coquilles après les avoir fait sécher, et faites-en un beurre d'écrevisses (1) ; coupez les queues en dés, et mettez-les dans une casserole avec des blancs de volaille cuite à la broche bien hachés, de la mie de pain mitonnée dans de la crème et très-desséchée, les œufs d'écrevisses, de la panne coupée en dés, dix jaunes d'œufs crus ; ajoutez-y votre beurre d'écrevisses, quelques cuillerées de bon consommé, sel, fines épices ; mêlez bien le tout ensemble, et l'entonnez dans des boyaux ; liez comme le boudin blanc, et faites cuire de même.

Boudin de gibier.

Prenez le gibier que vous voudrez, soit lapereau de garenne, perdrix ou faisan : faites-le cuire à la broche : hachez-en les chairs très-menu, après en avoir ôté la peau et les nerfs ; mettez les os dans une casserole, et faites-les bouillir dans du consommé pour en extraire le fumet ; passez-le au tamis, et faites mitonner dedans de la mie de pain ; pilez vos chairs bien hachées avec des ognons coupés par tranches, et cuits auparavant dans du bouillon avec sel, poivre, clous de girofle, basilic, bouquet de persil et ciboules ; ajoutez-y votre mie de pain dessé-

---

(1) Voyez la manière de le faire dans l'ouvrage intitulé : *la Cuisinière de la campagne et de la ville.*

chée, six jaunes d'œufs crus, trois quarterons de panne coupée en dés, sel, fines épices; mêlez bien le tout ensemble, et délayez avec de la crème réduite et froide jusqu'à ce que votre appareil soit à consistance de boudin; entonnez-le dans des boyaux, et finissez comme il est indiqué aux articles précédens.

Façon d'accommoder le sang de Cochon sans faire de boudin.

Prenez de l'ognon que vous coupez en petits dés; faites-le cuire dans une casserole ou dans une poêle avec du beurre ou du saindoux; ayez soin que votre ognon soit fort gros; étant cuit, mettez-y le sang, remuez-le doucement sur le feu, comme vous feriez des œufs brouillés; assaisonnez-le de sel et de poivre, et servez : on accommode de même le sang de veau et d'agneau.

DES SAUCISSES.

Saucisses de différentes façons.

Prenez de la chair de porc frais beaucoup plus grasse que maigre : hachez-la avec des échalotes, sel, poivre, fines épices, fines herbes, un peu de mie de pain bien fine; mêlez bien le tout ensemble, et ajoutez-y plein une cuillère à bouche d'eau-de-vie ; remplissez ensuite avec votre hachis de petits boyaux de cochon ou de mouton bien nettoyés ; piquez-les de temps en temps pour faire sortir l'air que vous y avez introduit en formant vos saucisses ; étant pleins, nouez vos boyaux, selon la longueur dont vous voulez faire les saucisses ; faites-les griller pour les servir : on les sert aussi passées à la poêle avec du lard et du vin.

Les saucisses aux truffes se font de la même manière ; au lieu de persil et ciboules, mettez des truffes hachées.

Pour les saucisses à la moelle, prenez de la rouelle de veau que vous hachez, de la moelle de bœufs coupée en dés ; assaisonnez de persil, ciboules, sel, fines épices, et finissez de même.

Les saucisses plates se font de la même façon que les précédentes. La seule différence consiste en ce que vous mettez votre hachis dans une crépine de porc : faites-les cuire comme les autres.

Saucisses de langues de Moutons.

Prenez une langue de mouton, et faites-la cuire dans de l'eau ; sa cuisson achevée, coupez-la en filets, que vous ferez bouillir pendant une demi-heure dans du bouillon que vous n'aurez point dégraissé, avec sel, poivre, persil, ciboules, échalotes et fines herbes ; égouttez-les, et faites-les refroidir ; dressez ensuite vos filets de langues avec du hachis de viande sur des morceaux de crépine que vous aurez coupés de la grandeur que vous voudrez donner à vos saucisses ; recouvrez-les avec la crépine ; trempez-les dans des œufs battus, panez-les de mie de pain, et faites-les frire ou griller pour les servir.

Saucisses fines.

Prenez une cuisse de cochon ; enlevez-en la peau et la graisse ; mettez deux livres de graisse de bœuf par livre de cochon ; hachez bien le tout ensemble, avec des feuilles de sauge, poivre, sel, muscade, clous de girofle, et un peu d'écorce de citron rapée ; le tout étant bien mêlé, incorporez-y un jaune d'œuf et un peu de mie de pain ; roulez ensuite vos saucisses en long. Si vous ne voulez pas employer tout votre hachis, avant que d'y mêler l'œuf et la mie de pain, mettez la partie que vous voulez conserver dans un pot que vous bouchez bien hermétiquement.

Saucisses à l'Anglaise.

Prenez une livre de chair de porc frais entrelardée, dont vous ôterez la peau et les nerfs, une livre de veau maigre, et une livre de graisse de bœuf; hachez bien le tout ensemble; incorporez-y une demi-livre de pain émié, moitié d'une écorce de citron hachée très-mince, muscade rapée, quelques feuilles de sauge, un peu de thym, de sariette et de marjolaine, le tout haché très-menu, et une bonne pincée de sel; le tout étant bien mêlé, roulez vos saucisses, et faites-les frire dans du beurre frais ou griller sur un feu vif; si vous ne voulez pas employer tout votre appareil, mettez ce que vous voulez conserver dans un pot bien fermé.

Saucisses à la Provençale.

Prenez trois livres de chair de porc frais entrelardée; levez-en la peau et les nerfs; hachez-la très-menue, et assaisonnez-la avec une cuillerée à bouche de sel fin, une cuillerée à café de poivre concassé, et à peu près une cuillerée à bouche de sauge hachée très-menue; mêlez bien le tout ensemble, et remplissez-en des boyaux bien nettoyés. Pour conserver cette composition, mettez-la aussi dans un pot.

Saucissons de Cochon et de Bœuf.

Les saucissons de cochon et de bœuf se préparent comme les *saucissons de sanglier*. (Voyez cet article.)

Saucissons crus de Boulogne.

Prenez la chair du cochon la plus courte et la plus délicate des parties maigres; la meilleure est celle qui tient aux os de l'échine; ôtez-en la peau, les nerfs et la graisse; mettez-y le tiers de bœuf choisi et préparé comme la chair de cochon; le filet est la partie qu'il faut préférer; hachez-le tout bien menu, et pilez-le ensuite dans un mortier; ajoutez à votre hachis du lard coupé en dés, et l'y incorporez le mieux qu'il vous sera possible. Sur le poids de dix livres de viande, mettez cinq livres de chair de cochon, deux livres et demie de bœuf et autant de lard; assaisonnez avez une demi-livre de sel, le quart d'une once de poivre blanc moulu, autant de mignonnette, de poivre gris, autant de poivre en grain, une demi-once de salpêtre, ail et échalotes hachés; pétrissez bien le tout ensemble, et laissez lever pendant vingt-quatre heures; remplissez-en de gros boyaux de bœufs, bien lavés et nettoyés à l'envers à l'eau chaude et au vinaigre, au moyen d'un entonnoir propre à cet usage; pressez le plus que vous pourrez pour bien emplir vos boyaux; piquez-les de temps en temps pour faire sortir l'air que vous y introduisez en formant vos saucissons; étant pleins, unissez-les avec la main, et nouez, selon la longueur dont vous voulez les faire, vos saucissons avec du fil fort; ficelez ensuite vos boyaux en travers comme une carotte de tabac, en mettant la distance d'un doigt entre chaque fil; mettez-les ensuite dans le saloir pendant une semaine, et suspendez-les après pour les faire sécher dans un lieu bien aéré sans être humide. Quand ils seront secs, ce que vous reconnaîtrez quand ils seront blancs, faites bouillir dans de la lie de vin, une poignée de sauge et de thym, et un peu de romarin; resserrez ensuite les ficelles des saucissons; frottez-les et barbouillez-les avec de la lie; enveloppez-les ensuite dans du papier, et enterrez-les dans de la cendre pour les conserver.

Cervelas de différentes façons.

On prend le plus communément, pour faire des cervelas, de la chair de porc frais; quand on se sert d'autre viande, soit veau, lièvre ou lapin, il faut avoir soin que la viande soit bien nourrie de lard. Prenez de la viande suivant la quantité que vous voulez faire de cervelas; si c'est du cochon, choisissez de la chair de porc frais très-tendre et très-entrelardée, et hachez-la en y ajoutant un quart de lard en sus; assaisonnez de sel fin et fines épices, un peu de persil et ciboules hachés : prenez des boyaux de cochon bien lavés, et de la grosseur que vous jugerez à propos; entonnez dedans votre appareil, et ficelez-les par les deux bouts ; suspendez vos cervelas à la cheminée, et les laissez fumer deux ou trois jours ; pour les faire cuire, mettez-les dans du bouillon avec un peu de sel, une gousse d'ail, thym, laurier, basilic, un bouquet de persil et ciboules ; laissez-les sur le feu deux ou trois heures, suivant leur grosseur ; leur cuisson achevée, retirez-les, laissez-les refroidir et les servez.

Pour les faire aux ognons ; prenez des ognons en proportion de la quantité de viande ; hachez-les, et faites-les cuire avec du lard fondu ou du saindoux ; étant cuits aux trois quarts, mêlez avec la viande, et finissez comme ci-dessus.

Pour les faire aux truffes ; hachez la quantité de truffes que vous jugerez convenable sans les faire cuire ; ajoutez-les à votre viande et finissez vos cervelas de la même façon.

Cervelas à l'Italienne.

Prenez une demi-livre de lard, deux onces de sel, une demi-once de poivre, et trois livres de chair de porc maigre ; hachez le tout ensemble, mouillez ce hachis avec une chopine de vin blanc, et une demi-livre de sang de cochon ; assaisonnez de deux gros de cannelle et de girofle pilés ensemble ; prenez de gros lardons bien maniés d'épices, et incorporez-les dans votre appareil ; entonnez-le ensuite dans un boyau de cochon ; étant bien rempli, ficelez-le par les deux extrémités, et faites-le cuire : sa cuisson achevée, suspendez-le à la cheminée, et l'y laissez sécher à la fumée jusqu'à ce qu'il soit bien ferme ; servez-vous-en après comme il vous conviendra.

DES ANDOUILLES.

Andouilles de Cochon.

Prenez les boyaux les plus charnus du cochon ; après les avoir bien lavés et nettoyés, mettez-les tremper dans l'eau fraîche pendant douze heures ; faites-les ensuite égoutter ; essuyez-les, et mettez-les dans une terrine avec sel, poivre, aromates pilés et fines épices ; laissez-les mariner deux heures dans cet assaisonnement ; mettez-les ensuite dans des boyaux que vous liez par les deux extrémités ; faites-les cuire dans du bouillon avec racines, bouquet de persil, ciboules, thym et laurier ; laissez-les refroidir dans leur mouillement ; retirez-les, essuyez-les bien, incisez-les un peu, faites-les griller et servez-les.

Si vous ne voulez pas les manger de suite, conservez-les dans le saloir.

Autre manière.

Prenez des boyaux gras de cochon; lorsqu'ils seront bien lavés, coupez-les de la longueur dont vous voulez faire les andouilles; faites-les tremper dans de l'eau, un quart de vinaigre, avec thym, laurier et basilic, pour leur faire perdre leur goût de charcuterie; coupez une partie de ces boyaux en filets; prenez de la panne et des morceaux que vous coupez aussi en filets; assaisonnez le tout avec sel, fines épices, un peu d'anis; remplissez ensuite vos boyaux avec cet appareil; ayez soin qu'ils ne soient pas trop pleins, de crainte qu'ils ne crèvent; ficelez-les par les deux bouts; faites-les cuire avec moitié eau et moitié lait, sel, thym, laurier, basilic, et un peu de panne pour les nourrir; vos andouilles étant cuites, laissez-les refroidir dans leur assaisonnement: pour les servir, faites-les griller.

Andouilles de Couenne.

Prenez de la couenne d'un jeune cochon, des boyaux et de la panne que vous coupez en filets; mêlez le tout ensemble: procédez pour l'assaisonnement comme aux précédentes et finissez de même.

Andouilles de fraise de Veau.

Prenez des fraises de veau que vous dégraissez et défilez; lavez-les à plusieurs reprises et coupez-les de la longueur que vous voudrez, et assaisonnez-les de sel, fines épices, persil et ciboules hachés très-menu; formez vos andouilles, et mettez-les cuire dans une casserole avec moitié eau et moitié lait, sel, thym, laurier, basilic, et un peu de panne pour les nourrir; laissez-les cuire un peu moins que les andouilles de cochon : terminez comme les précédentes.

Andouilles de fraise d'Agneau.

La manière de les préparer et de les faire cuire ne diffère en rien de celle indiquée aux andouilles de fraise de veau.

Andouilles de Salpicon.

Coupez en petits dés des palais de bœuf, des fraises de veau, des fraises d'agneau et des fraises de cochon à moitié cuites, et faites cuire le tout dans une casserole avec lard fondu, sel, fines épices, persil et ciboules hachés très-menu :

laissez refroidir dans l'assaisonnement ; remplissez de votre appareil des boyaux de cochon bien lavés et nettoyés : donnez à vos andouilles la longueur que vous jugez à propos ; faites-les cuire comme les andouilles de fraise de veau, et servez-les de même.

Andouilles de Bœuf.

Prenez des robes d'andouilles ; pour leur faire passer le goût de boyaux, nettoyez-les bien ; faites-les tremper cinq à six heures dans un peu de vin blanc, avec thym, laurier, basilic, et des gousses d'ail ; faites bouillir dans de l'eau du gras-double et des palais de bœuf ; étant cuits aux trois quarts, retirez-les et coupez-les en filets ; prenez de la tétine de veau et du petit-lard que vous coupez de la même manière ; ajoutez à tous ces ingrédiens de l'ognon coupé aussi en filets et presque cuit dans du beurre ou du lard ; mêlez bien le tout ensemble, et ajoutez trois à quatre jaunes d'œufs crus, fines épices et du sel ; entonnez ce mélange dans vos robes d'andouilles ; ficelez-en les deux extrémités, et faites-les cuire dans du bouillon gras ; mouillez d'une chopine de vin blanc et assaisonnez de sel, poivre, bouquet de persil et ciboules, une gousse d'ail, clous de girofle, thym, laurier, basilic, carottes et ognons coupés en tranches; leur cuisson achevée, laissez refroidir vos andouilles dans la sauce où elles ont cuit : pour les servir, faites-les griller comme les andouilles de cochon.

Vous pouvez, si vous le désirez, employer des langues au lieu de palais de bœuf.

Andouillettes de Bœuf.

Prenez de la tranche de bœuf, que vous coupez en tranches aussi minces que des bardes de lard; couvrez-les d'un hachis de viande cuite; roulez ensuite vos tranches de bœuf pour former vos andouillettes; trempez-les dans de l'huile; panez-les, et faites-les cuire sur le gril; arrosez-les pendant tout le temps de leur cuisson avec de l'huile et de la graisse; leur cuisson achevée et de belle couleur, servez avec un peu de jus et un filet de verjus.

Ces andouillettes se servent pour entrée, et les andouilles se servent ordinairement pour hors-d'œuvre.

Fromage de Cochon.

Prenez une tête de cochon bien nettoyée, comme il est indiqué à l'article *Hure de Cochon;* désossez-la en entier; enlevez-en toute la chair et le lard sans couper la couenne; coupez la chair et le lard en filets très-minces ; mettez le maigre à part bien étendu sur un plat, et faites de même pour le gras ; coupez pareillement les oreilles en filets ; assaisonnez le tout des deux côtés, avec sel fin, gros poivre, thym, laurier, basilic, clous de girofle, deux pincées de coriandre, moitié d'une muscade, le tout haché très-fin, deux gousses d'ail, quatre échalotes aussi hachées, et une demi-poignée de persil en feuilles ; mettez la peau de la hure dans une casserole ronde ; arrangez tous vos filets de viande, en mettant une couche de viande et quelques tranches de jambon, avec des feuilles de persil, proprement arrangées, et continuez ainsi jusqu'à la fin ; cousez la couenne et plissez-la comme une bourse ; enveloppez-la d'un linge bien blanc de lessive que vous lierez fortement avec de la ficelle ; mettez ce fromage dans une marmite juste à sa grandeur, et faites-le cuire ainsi pendant six ou sept heures, avec du bouillon, une pinte de vin blanc, de l'ognon, des racines, thym, laurier, basilic, une gousse d'ail, sel et poivre ; la cuisson étant parfaitement achevée, faites-le égoutter, et mettez-le dans un vaisseau juste à sa grandeur et bien rond ; couvrez-le très-hermétiquement avec un couvercle et un poids très-lourd dessus pour lui faire prendre la forme que vous voulez ; laissez-le refroidir et servez-le pour gros entremets.

Fromage d'Italie.

Prenez un foie de cochon de cinq à six livres, quatre livres de lard et une livre de panne ; hachez le tout ensemble, et y ajoutez persil et ciboules hachés, sel, poivre, aromates pilés et des quatre épices ; votre viande étant bien hachée, étendez dans votre casserole une toilette de cochon ou des bardes de lard très-minces, pour empêcher que le foie ne tienne après la casserole ; arrangez dessus une couche de votre farce épaisse de deux pouces et des lardons assaisonnés ; faites une nouvelle couche de farce de même épaisseur, sur laquelle vous mettez encore des lardons, et continuez ainsi jusqu'à ce que vous ayez rempli votre casserole ou votre moule ; couvrez de bardes de lard, et faites cuire au four : trois heures suffisent ; laissez-le refroidir dans le vaisseau où il aura cuit : faites-le chauffer après l'en avoir retiré, et décorez-le de saindoux et de gelée.

Beaucoup de charcutiers emploient, au lieu de foie, un hachis de toutes sortes de viandes, et, dans ce cas, la recette de ce fromage varie tellement, suivant les ingrédiens différens et les procédés particuliers employés par chaque charentier, qu'il n'est pas possible de donner la manière de faire ce fromage, qui alors ne se trouve plus être le véritable fromage d'Italie; en conséquence, la seule règle que l'on puisse tracer, c'est qu'il faut avoir soin de le relever par des épices, et qu'il se façonne comme le fromage de cochon.

DES LANGUES DE COCHON.

Langues de Cochon fourrées.

Prenez des langues de cochon; faites-les bouillir dans l'eau seulement le temps de les échauder; ôtez la première peau; essuyez-les et coupez un peu le gros bout; mettez-les dans un pot de grès, et posez sur le couvercle quelque chose de lourd pour les tenir bien pressées l'une contre l'autre, en ayant soin auparavant de mettre entre chaque langue une couche de poivre, de sel et salpêtre (une once de salpêtre par demi-livre de sel), basilic, laurier, thym, genièvre et même quelques échalotes; bouchez bien le pot, et laissez vos langues prendre sel pendant huit jours; retirez-les ensuite de cette saumure; étant bien égouttées, faites-les entrer dans des boyaux de cochon, de bœuf ou de veau, proportionnés à leur longueur; liez-en les deux extrémités; suspendez-les à la cheminée, et laissez-les fumer pendant quinze à vingt jours; quand vous voudrez vous en servir, faites-les cuire dans l'eau avec un peu de vin rouge, sel, poivre, girofle, ognons, thym, laurier, basilic, persil et ciboules; laissez-les refroidir dans leur cuisson, et servez-les comme vous voudrez, par tranches ou entières, pour entremets.

Les langues de bœuf se préparent de la même manière.

Langues de Cochon marinées.

Prenez les langues de cochon, que vous ratissez et essuyez ensuite avec un linge blanc; salez-les avec du sel gris, et un peu de salpêtre, une demi-once par chaque langue; mettez-les dans un pot de grès, et les y laissez une semaine, en ayant soin de les retourner chaque jour; au bout de ce temps, salez-les une seconde fois, et laissez-les encore prendre sel une autre semaine, alors retirez-les, essuyez-les avec un linge; maniez-les de farine, et suspendez-les pour vous en servir comme vous jugerez à propos.

Les langues de bœuf et de mouton se préparent aussi de la même manière.

De la manière de donner au Cochon domestique le goût et l'apparence du Sanglier.

Levez vos chairs de cochon, comme côtelettes,

filets, etc., etc.; mettez-les dans la marinade indiquée à l'article *Filets de Sanglier ;* ajoutez à cette marinade du mélilot, quelques branches de baume ou de menthe, et du brou de noix; laissez le tout pendant huit jours dans cette marinade; au bout de ce temps, votre cochon aura pris la couleur et le goût du sanglier : pour bien réussir, choisissez un porc jeune, et qui ne soit pas trop gras.

DU COCHON DE LAIT

Cochon de Lait à la broche.

Le cochon de lait doit se choisir court, gras et jeune, c'est-à-dire n'ayant pris pour nourriture que le lait de sa mère : les tonquins se préfèrent aux autres espèces comme étant beaucoup plus délicats. Pour tuer votre cochon de lait, mettez-lui le corps entre vos genoux, serrez-lui le groin dans la main gauche, et lui enfoncez le couteau au bas de la gorge, ce qu'on appelle le petit cœur : le couteau doit être étroit de lame et fort pointu; dirigez-le bien droit, afin d'atteindre le cœur de l'animal; prenez garde de l'épauler, car alors vous auriez beaucoup de peine à l'échauder, et comme le sang n'en sortirait pas entièrement, les chairs seraient noires et moins délicates; cassez-lui les défenses, de crainte qu'elles ne vous blessent quand vous l'échauderez. Plongez votre cochon de lait dans un chaudron d'eau chaude où vous pourrez endurer le doigt; frottez-le avec la main; si les poils s'en vont, retirez-le de l'eau, frottez-le fort, et retrempez-le un instant dans l'eau, et enlevez-en toujours les poils; continuez ainsi jusqu'à ce qu'il n'en reste plus; déchaussez-le, c'est-à-dire ôtez-en les sabots; videz-le, en ayant soin de ne pas faire l'ouverture trop grande; retirez tout ce qu'il a dans le corps, excepté les rognons; passez votre doigt entre le quasi pour faire sortir le gros intestin que vous enlèverez; ciselez-lui le chignon du cou; faites-lui quatre incisions sur la croupe, pour lui retrousser la queue, entre la peau et les chairs; passez-lui une brochette dans les cuisses pour lui assujettir les pieds de derrière, une autre à travers la poitrine pour lui trousser les pieds de devant, et une autre près des rognons pour l'empêcher de faire le dos de chameau; ainsi préparé, faites-le dégorger pendant vingt-quatre heures; si c'est pour le mettre à la broche, pendez-le et laissez-le sécher; mettez-lui dans le ventre un gros morceau de bon beurre manié de fines herbes et mettez-le ensuite à la broche; arrosez-le sans cesse avec de l'huile pour lui faire prendre couleur, et que la peau soit croquante; étant cuit, on le sortant de la broche, faites-lui une incision autour du cou pour que la peau reste croquante, et servez-le au même instant.

Pour le dépecer, commencez par couper la tête, les deux oreilles : séparez la tête en deux, ensuite coupez l'épaule gauche et la cuisse gauche, l'épaule droite et la cuisse du même côté ; levez ensuite la peau, pour la servir toute croquante : les jambes, les côtes, les morceaux près du cou sont des endroits très-délicats ; l'épine du dos se coupe en deux ; le côté des côtes qui y reste attaché se sert par petits morceaux.

Cochon de Lait aux Écrevisses.

Prenez un trumeau de bœuf, un jarret et deux pieds de veau, et mettez-les dans une casserole avec bouquet de persil, ciboules, gousses d'ail, clous de girofle, moitié d'une muscade, ognons et racines, et faites cuire ; la cuisson achevée, passez le bouillon au tamis ; mettez le cochon de lait dans un vaisseau proportionné à sa grandeur avec quatre grosses écrevisses et le bouillon que vous avez passé ; ajoutez-y une chopine de vin blanc, du sel et du gros poivre ; faites-le cuire pendant une heure et demie ; passez ensuite la cuisson dans un tamis ; dégraissez-la et la mettez sur un fourneau pour la faire éclaircir comme une gelée, en y mettant la moitié d'un citron, dont vous aurez ôté la peau, et six blancs d'œufs fouettés avec les coquilles : quand elle est claire et qu'elle a pris du corps, passez-la au travers d'une serviette ; mettez le cochon de lait dans un vaisseau juste à la grandeur, les quatre écrevisses en dessous avec des branches de persil vert ; versez la gelée sur le cochon pour le tenir au frais ; votre gelée étant bien prise, trempez le cul du vaisseau dans l'eau chaude, et renversez-le promptement sur le plat que vous devez servir, et que vous aurez eu soin de garnir d'une serviette.

Cochon de Lait aux petits pains.

Préparez votre cochon comme il est indiqué à l'article *Cochon de Lait à la broche ;* faites un hachis avec quelques feuilles de sauge, le foie et deux anchois désossés ; mettez ces ingrédiens dans un mortier avec un peu de mie de pain, un quarteron de beurre, un peu de poivre et un demi-setier de vin ; pilez bien le tout ensemble, mettez cette pâte dans le corps du cochon, que vous cousez pour empêcher qu'elle ne sorte ; mettez-le à la broche, et faites-le cuire à une grande distance d'un bon feu vif et clair ; mettez dans la lèchefrite deux bouteilles de bon vin, et servez-vous en pour l'arroser pendant tout le temps de sa cuisson ; à moitié rôti, ajoutez dans la lèchefrite deux petits pains ; votre cochon étant presque cuit, retirez la sauce et les petits pains, et mettez-les dans un poêlon avec un anchois coupé menu, un bouquet de fines herbes, et le jus d'un citron ; débrochez votre cochon, mettez une pomme dans son groin et un petit pain de chaque côté ; versez la sauce dessus après l'avoir passée et servez-le.

Cochon de Lait farci.

Appropriez, échaudez et désossez votre cochon de lait comme il est indiqué aux articles précédens, et suivez en tout les mêmes procédés, avec cette seule différence que vous le remplissez d'une farce que vous faites de la manière suivante : prenez le foie du cochon, hachez-le et pilez-le après en avoir ôté l'amer ; ajoutez autant de mie de pain desséchée dans la crème ou du bouillon que vous avez de foie, et autant de beurre et de tétine de veau blanchie que de mie de pain ; pilez bien le tout ensemble avec fines herbes passées dans du beurre, sel, poivre, fines épices, une pincée de sauge hachée, cinq jaunes d'œufs et deux blancs ; votre mélange étant bien fait, remplissez-en le corps de votre cochon ; mettez-le à la broche, et arrosez-le avec de l'huile d'olive comme le cochon de lait rôti ; laissez-le un peu plus de temps au feu pour que la farce ait le temps de cuire : sa cuisson achevée, retirez-le, dressez-le sur une sauce poivrade et servez.

Cochon de Lait en blanquette.

Les débris d'un cochon de lait qu'on a servi rôti à la broche servent plus particulièrement à cet usage. Coupez-les en filets minces, mettez dans une casserole gros comme la moitié d'un œuf de bon beurre, des champignons coupés en filets minces, des morilles et des mousserons, un bouquet de persil, ciboules, une gousse d'ail, deux échalotes, deux clous de girofle, la moitié d'une feuille de laurier, thym, basilic; passez sur le feu avec une pincée de farine; mouillez avec un verre de bon bouillon et autant de vin blanc; assaisonnez de sel et gros poivre; faites bouillir à petit feu et réduire la sauce à moitié; ôtez le bouquet, et mettez-y les filets de viande; faites chauffer sans bouillir; ajoutez-y une liaison de trois jaunes d'œufs délayés dans deux cuillerées de bouillon et deux cuillerées de verjus; faites lier sur le feu sans bouillir : dressez et servez chaud.

Cochon de Lait en galantine.

Échaudez votre cochon de lait de la manière

indiquée aux articles précédens ; faites-le dégorger ; égouttez-le, et le désossez à la réserve des quatre pieds ; étendez la peau de votre cochon sur un linge blanc, et mettez dessus une bonne farce de viande, que vous faites avec une noix de veau, le foie et le mou du cochon, tétine de veau blanchie, graisse de bœuf, le tout haché bien menu, et assaisonné de persil, ciboules, échalotes hachées, sel, fines épices, six jaunes d'œufs et un peu de crème ; étendez cette farce de l'épaisseur d'un écu ; garnissez-la de grands lardons de jambon cuit et de lard, de filets de truffes, de jaunes d'œufs durs coupés en tranches ; couvrez le tout d'une même épaisseur de farce, et continuez ainsi jusqu'à ce que la peau soit pleine, sans être trop tendue ; donnez à la tête et au corps de votre cochon leur première forme ; cousez-le avec une aiguille à brider et du gros fil ; fixez les quatre pieds comme pour le mettre à la broche ; couvrez-le de bardes de lard, et enveloppez-le d'une étamine ; attachez-en les deux bouts ; serrez-le avec une ficelle, et faites cuire pendant trois heures avec moitié bouillon et moitié vin blanc, sel, gros poivre, racines, ognons, un gros bouquet de persil, ciboules, échalotes, ail, clous de giroffe, thym, laurier et basilic, les débris et les os du cochon :

étant cuit, laissez-le refroidir dans sa cuisson, et servez-le froid pour entremets.

Cochon de Lait à la Française.

Échaudez, videz et désossez entièrement votre cochon de lait, à la réserve de la tête et des pieds; faites ensuite une farce de la manière ci-après indiquée : mettez dans une casserole une pinte de bon lait; quand il bout, mettez-y une demi-livre de mie de pain; faites bouillir jusqu'à ce qu'elle ait bu tout le lait et qu'elle soit bien épaisse; remuez souvent pour qu'elle ne s'attache pas, et mettez-la ensuite refroidir; prenez une livre de rouelle de veau et autant de graisse de bœuf, la mie de pain cuite dans le lait, persil, ciboules, deux échalotes, champignons, sel, poivre, quatre œufs entiers; hachez et pilez bien le tout ensemble; coupez le foie du cochon et autant de jambon cru en gros dés, mêlez-les à votre appareil; remplissez-en le corps de votre cochon; cousez-le et le retroussez comme pour le mettre à la broche; couvrez-le de bardes de lard; enveloppez-le d'un linge blanc; ficelez-le et faites-le cuire ainsi pendant trois heures avec moitié vin blanc et moitié bouillon, sel, gros poivre, racines, ognons, gros bouquet de persil, ciboules, échalotes, ail, girofle, thym, laurier, basilic ; la cuisson achevée, laissez-le refroidir dans sa braise, et servez-le froid sur une serviette : de cette manière, il se sert pour entremets et remplace très-avantageusement les pâtés et les langues fourrées.

DU SANGLIER.

Le sanglier, ou porc sauvage, doit être choisi jeune, gras et bien nourri ; plus il a été couru à la chasse, mieux il vaut pour le goût et même pour la santé ; aussitôt qu'il est tué, il faut avoir soin d'en supprimer les testicules, car elles donneraient un si mauvais goût à la chair, qu'il ne serait pas possible de la manger.

Hure de Sanglier.

Faites griller les soies de votre hure, et après l'avoir bien lavée, nettoyée et ratissée, servez-vous, pour l'assaisonner et la faire cuire, des mêmes procédés que pour la hure de cochon. (Voyez l'article *Hure de Cochon.*)

Boudin de Sanglier.

Le boudin de sanglier se fait de la même manière que celui de cochon. (Voyez *Boudin de Cochon.*)

Jambon de Sanglier.

On suit, pour préparer les jambons de sanglier, les mêmes procédés que pour ceux de cochon. (Voyez *Manière de préparer le Jambon* à son article.)

Cuisse de Sanglier.

Brûlez les soies qui sont après votre cuisse, nettoyez-la le mieux que vous pourrez ; désossez-la jusqu'à la jointure du manche ; lardez-la de lardons assaisonnés d'aromates pilés, quatre épices, sel, gros poivre ; foncez une terrine de sel en grande quantité, poivre en grains, genièvre, thym, laurier, basilic, ognons en tranches, persil en branches, ciboules, et un peu de salpêtre ; mettez dedans votre cuisse, et laissez-la dans cette marinade pendant sept à huit jours. Pour la faire cuire, ôtez de l'intérieur de votre cuisse les aromates qui pourraient s'y trouver ; enveloppez-la dans un linge blanc, et ficelez-la par-dessus ; mettez-la dans une braisière avec toute sa marinade, six bouteilles de vin blanc ; autant d'eau, six carottes, six ognons, quatre clous de girofle, un fort bouquet de persil et ciboules ; faites-la cuire à petit feu ; assurez-vous si elle est cuite en la sondant : sa cuisson achevée, laissez-la refroidir une demi-heure dans son assaisonnement ; retirez-la et la laissez dans sa couenne ; glacez-la et donnez-lui une belle forme.

Filets de Sanglier.

Levez ces filets comme ceux de bœuf ou de veau ; préparez-les de même ; piquez-les et faites-les mariner dans une terrine avec ognons en tranches, échalotes, gousse d'ail, clous de girofle, feuille de laurier, petite sauge, genièvre en grains, basilic, thym, sel en quantité suffisante, moitié vinaigre et moitié eau ; laissez-les dans cette marinade trois ou quatre jours ; ôtez-les et faites-les égoutter ; mettez de l'huile dans une casserole ; faites-y revenir vos filets des deux côtés, ensuite mettez du feu dessus et dessous, et laissez cuire ; étant cuits, mettez vos filets égoutter sur un linge, et servez-les avec une sauce poivrade dessous.

Étant bien marinés, on peut les faire cuire à la broche ; alors, au moment de les retirer, glacez-les d'une belle couleur, et servez-les de même avec une sauce poivrade.

On peut aussi les faire cuire au four dans une bonne braise, et on les sert avec une sauce piquante.

Côtelettes de Sanglier sautées.

Coupez et parez vos côtelettes de sanglier comme celles de veau ; mettez-les dans une marinade préparée comme celle des filets de sanglier (voyez cet article) ; mettez-les ensuite dans une casserole après les avoir assaisonnées de sel et gros poivre ; faites tiédir du beurre et versez-le dessus ; posez-les sur un feu ardent ; quand elles sont raides d'un côté, retournez-les de l'autre ; lorsqu'elles sont fermes, dressez-les sur un plat, et servez-les avec une sauce Robert ou une sauce poivrade.

Saucissons de Sanglier.

Prenez douze livres de chair de sanglier ; arrosez-les de vin muscat ; enveloppez-les d'un linge blanc, et mettez-les entre deux planches bien chargées ; deux jours après, hachez-les avec six livres de panne, et assaisonnez d'une once de macis en poudre, une once de girofle aussi en poudre, et douze onces de sel ; mouillez votre hachis d'une chopine de vin muscat, et laissez-le mariner dans une terrine bien couverte pendant vingt-quatre heures ; vous pouvez ajouter à tous ces ingrédiens une once de salpêtre pilé, si vous désirez que vos saucissons soient bien rouges ; prenez ensuite quatre oreilles de porc frais, coupez-les en filets très-minces, que vous mèlerez avec votre appareil ; remplissez-en de gros boyaux de porc bien nets, et ficelez-les par les deux bouts ; laissez-les égoutter pendant deux jours, et faites-les fumer jusqu'à ce qu'ils soient bien secs ; pour les servir, faites-les cuire dans une casserole avec du bouillon ou de l'eau, bouquet de fines herbes, ognons en tranches, carottes et panais aussi en tranches ; étant cuits, faites-les égoutter, et servez-les froids sur une serviette pour entremets.

Du Marcassin.

Le marcassin subit toutes les mêmes préparations que le cochon, et s'accommode à peu près de la même manière, avec cette différence, que très-souvent on le fait mariner.

Il se sert comme le cochon de lait.

Dinde farcie.

Épluchez, flambez et videz votre dinde : commencez à la désosser par le dos : étant tout-à-fait désossée, et les nerfs des cuisses ôtés, levez une partie des chairs de l'estomac à un demi-pouce près de la peau ; faites-en autant aux cuisses ; joignez aux chairs que vous aurez enlevées un morceau de veau ou de toute autre viande ; pour deux livres de viande, mettez deux livres de lard le plus gras possible : hachez le tout ensemble ; joignez-y du sel, du poivre, des quatre épices et des fines herbes ; faites de moyens lardons, assaisonnez-les de sel, poivre, fines épices, aromates pilés et passés au tamis, persil et ciboules hachés, et lardez-en les chairs de votre dinde, que vous couvrez ensuite d'une couche de farce d'un pouce d'épaisseur que vous étendez également ; mettez sur cette couche de farce des truffes coupées en filets, des lardons de lard, des lardons de jambon cuit de même grosseur et longueur que ceux de lard, des filets mignons de votre dinde, et d'autre volaille ; entremêlez le tout pour que votre pièce soit bien marbrée ; recouvrez ces lardons d'un autre lit de farce, et continuez de mettre ainsi farce et lardons jusqu'à ce que vous ayez tout employé ; roulez ensuite votre dinde, de manière qu'elle contienne toute la farce, sans qu'il s'en échappe d'aucun côté ; avec une aiguille à brider et de la ficelle, cousez les chairs comme elles étaient dans leur forme première ; donnez une forme longue à votre galantine ; entourez-la de bardes de lard, enveloppez la d'un morceau d'étamine, liez-en les deux bouts et ficelez votre galantine par-dessus l'étamine, pour qu'elle conserve sa forme; foncez une braisière avec ognons, carottes, clous de girofle, feuilles de laurier, un peu de thym, deux où trois lames de jambon, un jarret de veau, et les débris de votre dinde; mettez dedans votre galantine; couvrez-la de bardes de lard; mouillez-la avec du bouillon jusqu'à ce qu'elle baigne dans son assaisonnement; couvrez-la de papier, et recouvrez ensuite la braisière avec son couvercle; mettez au feu votre galantine; faites-la mijoter pendant trois heures; étant cuite, retirez-la; laissez-la une demi-heure dans son assaisonnement; en la retirant, pressez-la légèrement pour en extraire le jus; aplatissez-lui l'estomac pour avoir la facilité de la garnir de gelée; passez votre mouillement au travers d'une serviette, que vous mouillez à cet effet; cassez deux œufs entiers, battez-les avec votre gelée; voyez si elle est de bon goût; mettez-la sur le feu, ayez soin de la remuer; quand elle commencera à bouillir, retirez-la sur le bord du fourneau; mettez un couvercle sur votre casserole, et un feu ardent dessus; laissez ainsi votre gelée se clarifier environ une demi-heure ou trois quarts d'heure; passez-la ensuite à travers une serviette, et laissez-la refroidir; votre dinde étant froide, dévoloppez-la et ôtez les ficelles qui l'entourent; mettez-la un instant au four, ou sous un four de campagne; glacez-la d'une belle couleur; dressez-la sur une serviette, et garnissez-la de gelée lorsqu'elle sera entièrement refroidie.

FIN.

TABLE

DE LA CHARCUTERIE.

Pages.

Pages.

FIN DE LA TABLE.

www.ingramcontent.com/pod-product-compliance
Ingram Content Group UK Ltd.
Pitfield, Milton Keynes, MK11 3LW, UK
UKHW021125260726
13994UKWH00002B/986